KNOX

Alte Säcke

KNOX

Alte Säcke

steffen verlag

Was? Turnusmäßige Untersuchung beim Urologen? Karl, wir verpissen uns!

Und so wird es von Seiten der Regierung keine Rentenerhöhung...
Man müsste diesen Ar...gesichtern so richtig in den Hintern treten! Aber so richtig!
So hoch kriege ich mein Bein nicht mehr!

Na, was macht denn Ihr altes Leiden?
Keine Ahnung, wir haben uns vor 40 Jahren scheiden lassen.

Kommst du mit zur 750-Jahr-Feier, Willi?
Das nächste Mal.

Hm ... Lebensende mit drei Buchstaben?
EHE!

Was ist denn heut' noch positiv? Die Rentenreform? Die Gesundheitsreform? Die Steuerreform?
Meine Befunde, Karl! Durch die Bank weg!

Hier steht, dass Wasser unter Erhitzung Kalk bildet. Du hast doch immer eine warme Birne, Karl. Sagt dir das was?
HA!

Willi, das ist mein Enkel. Superintelligent, der Kleine!
Dein Enkel? Hast du schon mal einen Gentest machen lassen?

Warum steckst du für den Seniorentanz ein dickes Schlüsselbund in die Tasche?
Ich will die alten Schachteln so richtig nervös machen.

SENIORENFASCHING
Ich gehe als Hellseher Hanussen!
Ich als Zorro!
Ich als Indianer Trip-Trap, die laufende Pfeife!
Und ich als Schwarzenegger, bevor er Terminator wurde!

Heute schlagen wir uns mal wieder den Wanst voll, Männer! Neue Sterbeanzeigen.

BAZAAR
Haben Sie auch eine Flöte, mit der man eine Hosenschlange zum Tanzen bringen kann?
Z

Jetzt befruchten die schon Bäume mit örtlicher Betäubung!
Bestäubung, Karl! Örtliche Bestäubung! Wird Zeit für eine Brille oder ein neues Gehirn.

Archäologisches
MUSEUM
Ich verdiene mir im Museum ein bisschen was zur Rente dazu.
Ich hab noch nie gehört, dass die an Ausstellungs-stücke Geld zahlen.

Otto hat jetzt ein Glasauge.
Ist klar. Der muss ja auch durchgucken können.
ABFALL!

Willi, hier steht, dass der Papst gegen Schlauchbootfahren auf der Nordsee ist.
Klar, weil man da so leicht abtreiben kann.

Zeigst du dein offenes Bein, Willi? Dann haben wir wieder das ganze Becken für uns allein!
Hähä, häää!
Grrrrr!

Eigentlich komisch, Willi. Du heißt „Groß“ und bist klein.
Na und? Du heißt „Weber“ und bist ein Spinner!

Was hast du denn im Leben noch so vor, Erich?
Ich mach' hier in diesem Land das Licht aus!

Ich denke, du bist Vegetarier, Willi? Und nun Hasenbraten?
Aus Rache! Wegen der Möhren, die diese Biester mir wegfressen!
WAHLESSEN
HEUTE:
GULASCH ODER
HASENBRATEN

Nie wieder löse ich
eine Netzkarte!

Ich hab' heute ein Blind-Date!

Kein Sex, kein Surfen, nix Rodeo, nix Bungee-Jumping, jetzt das Laufen ohne Stock! Alles, alles wird einem genommen!

Ich wette eins zu hundert,
dass der an der Kreuzung
nicht halten kann.

Hier sammelt jemand was für die neue Schwimmhalle. Geben wir was dazu, Willi?
Fünf Eimer Wasser.

Meine Güte, Willi! Wie langsam isst du denn den Joghurt? Bis du den im Magen hast, ist ja das Haltbarkeitsdatum abgelaufen.

Sag mal, warum haben überhaupt so viele Beamte eine Brille auf?
Damit sie sich beim Einschlafen nicht den Bleistift ins Auge pieken.
VERSORGUNGSAMT
BUCHSTABE A-K

Wisst ihr, als ich noch so um die vierzig war ...
Als du Bismarck die Hand geschüttelt hast?

Schau, Willi. Was für ein Buch zu meinem Geburtstag! „Wir sind zu jung, um schon zu sterben."
Das ist ein Märchenbuch. Ich gebe dir die Fakten! Titel: „Der Himmel ruft!"

Na gut, Willi, du hast abgenommen. Nimm Viagra, dann passt die Hose wieder.
Gesundheits-Check bitte warten

Wir haben uns ja über zwanzig Jahre nicht gesehen, Willi. Woran hast du mich erkannt?
Am Hemd, Oskar, am Hemd!

Bei meinen Patienten stoße ich immer auf offene Ohren.
Und ich auf offene Beine, Herr Kollege.

Coiffeur
Le figaro
Ich weiß nicht ... ich weiß nicht ... Ich kann mich an den Anblick der jungen modernen Frauen einfach nicht gewöhnen.

Dann gibst du mir die Adresse von deinen Nutten eben nicht. Ich krieche dir nicht in den Arsch!
Da ist sowieso kein Platz mehr.

Warum erinnert mich das irgendwie an die Pflegeversicherung?

Die Philosophen sagen:
Ich denke, also bin ich!
Das Buch handelt
nicht von dir, Karl!
KANT

Ach, Karl! Noch einmal so richtig Feuer unterm Arsch zu haben!
Setz dich auf den Grill, Willi!

Ich sagte: Ich möchte zwei Eier.
Eins davon steinhart, eines roh, einen
verkohlten Toast und einen lauwarmen
Kaffee. Gestern ging's doch auch!?

Mein Sohn, du kannst doch nicht allen Ernstes verlangen, dass ich den Hinweis auf deine Kontonummer an der Kollekten-Urne belasse!

Wie meinst du das, Willi?
Drei Punkte! Du bist raus!

Deine Witze sind schon tot. Die haben ja sooo einen Bart!
Na und? Du lebst ja auch noch.

Wollen wir heute in den Zoo, Affen ansehen?
Du hast noch lebende Verwandte?
ZOO

Ofen! Ofen!
Ofen!
Tu doch auch mal was,
Willi! Kannste nicht den
Ofen anfeuern?

Hier in Pisa war ich schon mal, Wilhelm.
Das sieht man, Karl!
SENIOREN-REISEN

Hier steht was über Computer für Rentner ...
Tja, die lösen das Renten-problem!
Ist doch klar. Was meint ihr wohl, was passiert, wenn wir die Tasten „Alt und Entfernen“ drücken sollen?
?
1
2

1

Seit ich Pensionär bin, findet meine Frau das Leben mit einem ...

2

... Vorruheständer äußerst interessant.
Karl, das heißt Vorruhe-STÄNDLER!
Glaub mir, ich weiß, wovon ich spreche.
?
Kurier

Die Laborwerte sagen:
Ente gut – alles gut!

Du bist also jetzt mit der Erna zusammen? Wer von euch beiden hat denn da eine Wette verloren?
GR-R-R

Sprich dich aus! Erst jetzt nach 60 Jahren Ehe willst du dich scheiden lassen?
Na ja, wir wollten damit warten, bis die Kinder tot sind.

Kannst du mich zum Pinkeln begleiten, Karl? Mein Orthopäde hat mir verboten, schwer zu heben.
WC

Zigaretten können impotent machen? Ich hätte lieber welche mit Lungenkrebs.
ZIGARETTEN
ZEITUNGEN
PAFF
PAF

Meinst du nicht, dass ich meine Betreuerin heiraten sollte? Andere Steuerklasse, Ehegattensplitting, später Kindergeld, ich spare das Pflegeheim! Sonnige Zeiten ...

Hosen bis unter die Brustwarzen? Du musst mit der Mode gehen, Karl. Runterlassen die Dinger. Wie beim Finanzamt.

Einmal Lungenhaschee für den Opa hier!
ESSENAUSGABE
Einmal Chateaubriand, bitte.
SENIORENSTIFT
"Lichte Zukunft"
Betreutes Wohnen
Betreutes Wohnen in 4-Sterne-Qualität

Kennst du den Unterschied zwischen deiner Prostata und meiner? Deine gehört morgen dem Chirurgen.

TESTPERSON FÜR VIAGRA GESUCHT
DR. med HAMMER
Wer ist der Nächste?

Wusstest du, dass der Mensch zu 70 Prozent aus Wasser besteht?
Halte endlich deinen Kopf still! Das Plät-schern nervt mich.

Hab ich euch zu viel versprochen? Eine Piep-Show für gar kein Geld!
ZOOHANDEL
„Der Vogelhändler"
PIEP
PIEP
PIEP
PIEP
PIEP
PIEP

ISBN 978-3-942477-71-0

Impressum

Die Deutsche Nationalbibliothek verzeichnet
diese Publikation in der Deutschen Nationalbibliografie;
detaillierte bibliografische Daten sind im Internet über
http://dnb.d-nb.de abrufbar.

1. Auflage 2014

Steffen GmbH, Erich-Weinert-Straße 138, 10409 Berlin,
Tel.: (0 30) 41 93 50 08, www.steffen-verlag.de, info@steffen-verlag.de

Herstellung:
Steffen GmbH, Mühlenstraße 72,
17098 Friedland, www.steffendruck.com

ISBN 978-3-942477-72-7